Äsop

Äsops Fabeln
für Jung und Alt

Vereinfachte Fassung für Sprachniveau A2
mit Englisch-deutscher Übersetzung

von Adelina Brant

LANGUAGE
PRACTICE
PUBLISHING

Impressum

Äsops Fabeln für Jung und Alt
von Äsop, verfasst von Adelina Brant
Übersetzung ins Deutsche von Adelina Brant
Audiodateien von Audiolego
Gestufte Englische Lesebücher, Band 22

Homepage www.audiolego.com
Images by Freepik and Canstockphoto
Copyright © 2023 Language Practice Publishing
Copyright © 2023 Audiolego

Table of contents
Inhaltsverzeichnis

Wiedergabegeschwindigkeit der Audiodateien 5

The Gnat and the Bull 6

The Farmer and the Stork 8

The Travelers and the Purse 10

The Kid and the Wolf 13

The Young Crab and His Mother 15

The Fox and the Grapes 17

The Wolf and the Crane 20

Belling the Cat 23

The Dog, the Cock, and the Fox 26

The Frogs and the Ox 30

The Wolf and the Kid 32

The Tortoise and the Ducks 36

The Eagle and the Jackdaw 40

The Town Mouse and the Country Mouse 43

The Ass and His Driver 47

The Lion and the Mouse 49

The Plane Tree 52

The Frogs who Wished for a King 54

The Owl and the Grasshopper 58

The Oak and the Reeds 62

The Boys and the Frogs 65

The Crow and the Pitcher 67

The Ants and the Grasshopper 69

A Raven and a Swan 71

The Ass and the Load of Salt 73

The Lion and the Gnat 76

The Wild Boar and the Fox 79

The Lion, the Bear and the Fox 81

The Wolf and the Lamb 83

The Hares and the Frogs 86

The Wolf and the Lion 88

The Fox and the Lion 90

The Monkey and the Dolphin 92

The Wolf and the Ass 95

The Monkey and the Cat 98

The Fox and the Leopard 101

The Heron 104

The Wolf and the Goat 107

The Fox and the Goat 109

Wiedergabegeschwindigkeit der Audiodateien

Das Buch ist mit den Audiodateien ausgestattet. Mithilfe von QR-Codes kann man im Handumdrehen eine Audiodatei aufrufen, ohne Webadressen manuell eingeben. Öffnen Sie einfach ihre Kamera-App und halten ihr Smartphone über den gedruckten QR-Code. Ihr Smartphone erkennt was sich hinter dem Code verbirgt und bittet Sie dem eingescannten Audiodateilink zu folgen. Es ist empfehlenswert, den VLC-Mediaplayer zu verwenden, die Software, die zur Steuerung der Wiedergabegeschwindigkeit der Audiodateien verwendet werden kann.

Die Audiodatei

The Gnat and the Bull
Die Mücke und der Stier

A Gnat flew over the meadow with much buzzing for so small a creature and settled on the tip of one of the horns of a Bull. After he had rested a short time, he made ready to fly away. But before

Eine Mücke flog mit viel Summen für ein so kleines Geschöpf über die Wiese und ließ sich auf der Spitze eines der Hörner eines Bullen nieder. Nachdem er sich kurz ausgeruht hatte, machte er sich zum

he left, he begged the Bull's pardon for having used his horn for a resting place.

"You must be very glad to have me go now," he said.

"It's all the same to me," replied the Bull. "I did not even know you were there."

We are often of greater importance in our own eyes than in the eyes of our neighbor.

The smaller the mind the greater the conceit.

Abflug bereit. Aber bevor er ging, bat er den Bullen um Verzeihung, dass er sein Horn als Ruheplatz benutzt hatte.

„Du musst sehr froh sein, dass ich jetzt gehe", sagte er.

"Das ist mir egal", erwiderte der Stier. "Ich wusste nicht einmal, dass du da bist."

Wir sind in unseren eigenen Augen oft wichtiger als in den Augen unseres Nächsten.

Je kleiner der Verstand, desto größer die Einbildung.

The Farmer and the Stork
Der Bauer und der Storch

A Stork of a straightforward and trusting nature had been asked by a gay party of Cranes to visit a field that had been newly planted. But the party ended dismally with all the birds entangled in the meshes of the Farmer's net.

The Stork begged the

Ein Storch von aufrichtigem und vertrauensvollem Wesen war von einer fröhlichen Schar Kraniche gebeten worden, ein neu angelegtes Feld zu besuchen. Aber die Party endete düster indem sich alle Vögel in den Maschen des Netzes des Bauern verfangen hatten.

Der Storch bat den Bauer,

Farmer to spare him.

"Please let me go," he pleaded. "I belong to the Stork family who you know are honest and birds of good character. Besides, I did not know the Cranes were going to steal."

"You may be a very good bird," answered the Farmer, "but I caught you with the thieving Cranes, and you will have to share the same punishment with them."

You are judged by the company you keep.

ihn zu verschonen.

„Bitte lass mich los", flehte er. „Ich gehöre zur Storchenfamilie, von der Sie wissen, dass sie ehrliche Vögel mit gutem Charakter sind. Außerdem wusste ich nicht, dass die Kraniche stehlen würden."

„Du magst ein sehr guter Vogel sein," antwortete der Bauer, „aber ich habe dich mit den diebischen Kranichen erwischt, und du wirst dieselbe Strafe mit ihnen teilen müssen."

Du wirst nach der Gesellschaft beurteilt, die du pflegst.

The Travelers and the Purse

Die Reisenden und der Geldbeutel

Two men were traveling in the company along the road when one of them picked up a well-filled purse.

"How lucky I am!" he said. "I have found a purse. Judging by its weight, it

Zwei Männer waren in Gesellschaft die Straße entlang unterwegs, als einer von ihnen einen gut gefüllten Geldbeutel aufhob.

"Wie viel Glück ich habe!" sagte er. „Ich habe einen Geldbeutel gefunden. Seinem Gewicht nach zu urteilen, muss er voller Gold

must be full of gold."

"Do not say '*I* have found a purse,'" said his companion. "Say rather '*we* have found a purse' and 'how lucky *we* are.' Travelers ought to share alike the fortunes or misfortunes of the road."

"No, no," replied the other angrily. "*I* found it, and *I* am going to keep it."

Just then, they heard a shout of "Stop, thief!" and looking around, they saw a mob of people armed with clubs coming down the road.

The man who had found the purse fell into a panic.

"We are lost if they find the purse on us," he cried.

sein."

„Sag nicht ‚Ich habe einen Geldbeutel gefunden‘ ", sagte sein Begleiter. „Sage lieber ‚wir haben einen Geldbeutel gefunden‘ und ‚was für ein Glück wir haben‘. Reisende sollten das Glück oder Unglück der Straße gleichermaßen teilen."

"Nein, nein", antwortete der andere wütend. "Ich habe ihn gefunden, und ich werde ihn behalten."

Genau in diesem Moment hörten sie einen Ruf von "Halt, Dieb!" Als sie sich umsahen, sahen sie eine Menge, mit Knüppeln bewaffneter Menschen, die Straße herunterkommen.

Der Mann, der die Tasche gefunden hatte, verfiel in Panik.

„Wir sind verloren, wenn sie den Geldbeutel bei uns finden", rief er.

"No, no," replied the other, "You would not say 'we' before, so now stick to your 'I'. Say '*I* am lost.'"

We cannot expect any one to share our misfortunes unless we are willing to share our good fortune also.

„Nein, nein", erwiderte der andere, „vorher hast du nicht ‚wir' gesagt, also bleib jetzt bei deinem ‚ich'. Sag ‚ich bin verloren'."

Wir können von niemandem erwarten, dass er unser Unglück teilt, wenn wir nicht bereit sind, auch unser Glück zu teilen.

The Kid and the Wolf

Das Zicklein und der Wolf

The herdsman had left a frisky young Kid on the thatched roof of a sheep shelter to keep him out of harm's way. The Kid was browsing near the edge of the roof, when he spied a

Der Hirte hatte ein verspieltes junges Zicklein auf dem Strohdach eines Schafstalls zurückgelassen, um es vor Gefahren zu bewahren. Das Zicklein stöberte in der Nähe der Dachkante, als es einen Wolf erspähte und

Wolf and began to jeer at him, making faces and abusing him to his heart's content.

"I hear you," said the Wolf, "and I haven't the least grudge against you for what you say or do. When you are up there, the roof is talking, not you."

Do not say anything at any time that you would not say at all times.

anfing, ihn zu verspotten, Grimassen zu schneiden und ihn nach Herzenslust zu beschimpfen.

„Ich verstehe dich", sagte der Wolf, „und ich habe nicht den geringsten Groll gegen dich wegen dem, was du sagst oder tust. Wenn du da oben bist, spricht das Dach, nicht du."

Sage zu keiner Zeit etwas, was du nicht immer sagen würdest.

The Young Crab and His Mother
Der junge Krebs und seine Mutter

"Why in the world do you walk sideways like that?" said a Mother Crab to her son. "You should always walk straight forward with your toes turned out."

"Show me how to walk,

"Warum um alles in der Welt gehst du so seitwärts?" sagte eine Krebsmutter zu ihrem Sohn. "Du solltest immer geradeaus gehen, mit nach außen gedrehten Zehen."

„Zeig mir, wie man geht, lie-

mother dear," answered the little Crab obediently, "I want to learn."

So the old Crab tried and *tried* to walk straight forward. But she could walk sideways only, like her son. And when she wanted to turn her toes out, she tripped and fell on her nose.

Do not tell others how to act unless you can set a good example.

be Mutter," antwortete der kleine Krebs gehorsam, „Ich will es lernen."

Also versuchte und versuchte der alte Krebs, geradeaus zu gehen. Aber sie konnte nur seitwärts gehen, wie ihr Sohn. Und als sie ihre Zehen nach außen drehen wollte, stolperte sie und fiel auf die Nase.

Sage anderen nicht, was sie tun sollen, es sei denn, du kannst mit gutem Beispiel vorangehen.

The Fox and the Grapes

Der Fuchs und die Trauben

One day, a Fox spied a beautiful bunch of ripe grapes hanging from a vine trained along the branches of a tree. The grapes seemed

Eines Tages erspähte ein Fuchs eine wunderschöne Menge reifer Trauben, die an einer Weinrebe hingen, die an den Ästen eines Baumes entlang gezo-

ready to burst with juice, and the Fox's mouth watered as he gazed longingly at them.

The bunch hung from a high branch, and the Fox had to jump for it. The first time he jumped, he missed it by a long way. So he walked off a short distance and took a running leap at it, only to fall short once more. Again and again, he tried, but in vain.

Now he sat down and looked at the grapes in disgust.

"What a fool I am," he said. "Here I am wearing myself out to get a bunch of sour grapes that are not worth gaping for."

And off he walked very, very scornfully.

gen war. Die Trauben schienen vor Saft zu platzen, und dem Fuchs lief das Wasser im Mund zusammen, als er sie sehnsüchtig betrachtete.

Das Bündel hing an einem hohen Ast, und der Fuchs musste darauf springen. Als er das erste Mal sprang, verfehlte er es um Längen. Also ging er ein kurzes Stück zurück und sprang mit Anlauf darauf zu, nur um erneut zu scheitern. Immer wieder versuchte er es, aber vergebens.

Jetzt setzte er sich hin und betrachtete angewidert die Trauben.

„Was bin ich für ein Narr", sagte er. "Hier verausgabe ich mich, um einen Haufen saurer Trauben zu bekommen, die es nicht wert sind, nach ihnen zu gaffen."

Und davon ging er sehr, sehr verächtlich.

There are many who pretend to despise and belittle that which is beyond their reach.

Es gibt viele, die vorgeben, das zu verachten und herabzusetzen, was außerhalb ihrer Reichweite liegt.

The Wolf and the Crane

Der Wolf und der Kranich

A Wolf had been feasting too greedily, and a bone had stuck crosswise in his throat. He could get it neither up nor down, and of course, he could not eat a thing. Naturally, that was an awful state

Ein Wolf hatte zu gierig gefressen, und ein Knochen war quer in seiner Kehle stecken geblieben. Er konnte es weder rauf noch runter bekommen, und natürlich konnte er nichts essen. Das war natürlich ein

of affairs for a greedy Wolf.

So away he hurried to the Crane. He was sure that she, with her long neck and bill, would easily be able to reach the bone and pull it out.

"I will reward you very handsomely," said the Wolf, "if you pull that bone out for me."

As you can imagine, the Crane was very uneasy about putting her head in Wolf's throat. But she was grasping in nature, so she did what the Wolf asked her to do.

When the Wolf felt that the bone was gone, he started to walk away.

"But what about my reward!" called the Crane anxiously.

"What!" snarled the

schrecklicher Zustand für einen gierigen Wolf.

Also eilte er zum Kranich. Er war sich sicher, dass er mit seinem langen Hals und Schnabel den Knochen leicht erreichen und herausziehen könnte.

"Ich werde dich sehr ansehnlich belohnen", sagte der Wolf, "wenn du diesen Knochen für mich herausziehst."

Wie du dir vorstellen kannst, war es dem Kranich sehr unangenehm, seinen Kopf in des Wolfs Kehle zu stecken. Aber er war von Natur aus zupackend, also tat er, worum der Wolf ihn bat.

Als der Wolf spürte, dass der Knochen weg war, begann er wegzugehen.

"Aber was ist mit meiner Belohnung!" rief der Kranich ängstlich.

"Was!" knurrte der Wolf

Wolf, whirling around. "Haven't you got it? Isn't it enough that I let you take your head out of my mouth without snapping it off?"

Expect no reward for serving the wicked.

und wirbelte herum. „Hast du es nicht? Ist es nicht genug, dass ich dich deinen Kopf aus meinem Mund nehmen lasse, ohne ihn abzubrechen?"

Erwarte keine Belohnung, wenn du den Bösen dienst.

Belling the Cat

Belling die Katze

The Mice once called a meeting to decide on a plan to free themselves of their enemy, the Cat. At least they wished to find some way of knowing when she was coming, so they might have time to run away. Indeed, something had to be done, for they lived in such constant fear of her claws that they hardly dared stir from their

Die Mäuse haben einmal ein Treffen einberufen, um einen Plan zu beschließen, wie sie sich von ihrem Feind, der Katze, befreien können. Zumindest wollten sie wissen, wann sie kam, damit sie vielleicht Zeit hatten, wegzulaufen. Tatsächlich musste etwas getan werden, denn sie lebten in so ständiger Angst vor ihren Klauen, dass sie es kaum wagten, sich Tag und Nacht aus

dens by night or day.

Many plans were discussed, but none of them was thought good enough. At last, a very young Mouse got up and said:

"I have a plan that seems very simple, but I know it will be successful. All we have to do is to hang a bell about the Cat's neck. When we hear the bell ringing, we will know immediately that our enemy is coming."

All the Mice were much surprised that they had not thought of such a plan before. But in the midst of the rejoicing over their good fortune, an old Mouse arose and said:

"I will say that the plan of the young Mouse is very

ihren Höhlen zu rühren.

Viele Pläne wurden diskutiert, aber keiner davon wurde für gut genug gehalten. Endlich stand eine sehr junge Maus auf und sagte:

„Ich habe einen Plan, der sehr einfach erscheint, aber ich weiß, dass er erfolgreich sein wird. Alles, was wir tun müssen, ist, der Katze eine Glocke um den Hals zu hängen. Wenn wir die Glocke läuten hören, werden wir sofort wissen, dass unser Feind kommt. "

Alle Mäuse waren sehr überrascht, dass sie nicht schon früher an einen solchen Plan gedacht hatten. Aber mitten in der Freude über ihr Glück erhob sich eine alte Maus und sagte:

"Ich werde sagen, dass der Plan der jungen Maus sehr gut ist. Aber lassen Sie mich eine

good. But let me ask one question Who will bell the Cat?"

It is one thing to say that something should be done, but quite a different matter to do it.

Frage stellen: Wer wird der Katze die Glocke anhängen?"

Es ist eine Sache zu sagen, dass etwas getan werden sollte, aber eine ganz andere Sache, es zu tun.

The Dog, the Cock, and the Fox

Der Hund, der Hahn und der Fuchs

A Dog and a Cock, who were the best of friends, wished very much to see something of the world. So they decided to leave the farmyard and set out into the

Ein Hund und ein Hahn, die die besten Freunde waren, wünschten sich sehr, etwas von der Welt zu sehen. Also beschlossen sie, den Hof zu verlassen und sich auf den Weg in

world along the road that led to the woods. The two comrades traveled along in the very best of spirits and without meeting any adventure to speak of.

At nightfall, the Cock, looking for a place to roost, as was his custom, spied nearby a hollow tree that he thought would do very nicely for a night's lodging. The Dog could creep inside, and the Cock would fly up on one of the branches. So said, so done, and both slept very comfortably.

With the first glimmer of dawn, the Cock awoke. For the moment, he forgot just where he was. He thought he was still in the farmyard where it had been his duty to arouse the household at daybreak. So standing on tip-toes, he

die Welt zu machen, der zum Wald führte. Die beiden Kameraden reisten bestens gelaunt und ohne nennenswertes Abenteuer.

Bei Einbruch der Dunkelheit erspähte der Hahn auf der Suche nach einem Schlafplatz, wie es seine Gewohnheit war, in der Nähe einen hohlen Baum, von dem er glaubte, dass er sich sehr gut als Nachtlager eignen würde. Der Hund könnte hineinkriechen und der Hahn würde auf einen der Äste fliegen. Gesagt, getan, und beide schliefen sehr angenehm.

Mit dem ersten Morgengrauen erwachte der Hahn. Im Moment vergaß er, wo er war. Er dachte, er sei immer noch auf dem Hof, wo es seine Pflicht gewesen war, den Haushalt bei Tagesanbruch zu wecken. Also stellte er sich auf Zehenspitzen, schlug mit den Flügeln und

flapped his wings and crowed lustily. But instead of awakening the farmer, he awakened a Fox not far off in the wood. The Fox immediately had rosy visions of a very delicious breakfast. Hurrying to the tree where the Cock was roosting, he said very politely:

"A hearty welcome to our woods, honored sir. I cannot tell you how glad I am to see you here. I am quite sure we shall become the closest of friends."

"I feel highly flattered, kind sir," replied the Cock slyly. "If you will please go around to the door of my house at the foot of the tree, my porter will let you in."

The hungry but unsuspecting Fox went around the tree as he was told, and in a twinkling, the Dog had seized

krähte lustvoll. Aber anstatt den Bauern zu wecken, erweckte er nicht weit entfernt im Wald einen Fuchs. Der Fuchs hatte sofort rosige Visionen von einem sehr leckeren Frühstück. Er eilte zu dem Baum, wo der Hahn ruhte, und sagte sehr höflich:

„Ein herzliches Willkommen in unseren Wäldern, verehrter Herr. Ich kann Ihnen gar nicht sagen, wie froh ich bin, Sie hier zu sehen. Ich bin ziemlich sicher, dass wir die engsten Freunde werden."

„Ich fühle mich sehr geschmeichelt, gütiger Herr," erwiderte der Hahn verschmitzt. "Wenn Sie bitte zu meiner Haustür am Fuße des Baumes gehen würden, wird mein Pförtner Sie einlassen."

Der hungrige, aber ahnungslose Fuchs ging um den Baum herum, wie ihm gesagt wurde, und im Handumdrehen

him.

Those who try to deceive may expect to be paid in their own coin.

hatte der Hund ihn gepackt.

Diejenigen, die versuchen zu täuschen, können damit rechnen, in ihrer eigenen Münze bezahlt zu werden.

The Frogs and the Ox
Die Frösche und der Ochse

An Ox came down to a reedy pool to drink. As he splashed heavily into the water, he crushed a young Frog into the mud. The old Frog soon missed the little one and asked his brothers and sisters what had become of him.

"A *great big* monster,"

Ein Ochse kam zu einem schilfbewachsenen Teich herunter, um zu trinken. Als er heftig ins Wasser spritzte, zerquetschte er einen jungen Frosch im Schlamm. Der alte Frosch vermisste den Kleinen bald und fragte seine Geschwister, was aus ihm geworden sei.

"Ein großes Ungeheuer",

said one of them, "stepped on little brother with one of his huge feet!"

"Big, was he!" said the old Frog, puffing herself up. "Was he as big as this?"

"Oh, *much bigger*!" they cried.

The Frog puffed up still more. "He could not have been bigger than this," she said. But the little Frogs all declared that the monster was *much, much* bigger, and the old Frog kept puffing herself out more and more until, all at once, she burst.

Do not attempt the impossible.

sagte einer von ihnen, "ist mit einem seiner riesigen Füße auf den kleinen Bruder getreten!"

"Groß war er!" sagte der alte Frosch und blähte sich auf. "War er so groß?"

"Oh, viel größer!" Sie weinten.

Der Frosch blähte sich noch mehr auf. „Er hätte nicht größer sein können", sagte sie. Aber die kleinen Frösche erklärten alle, das Ungeheuer sei viel, viel größer, und der alte Frosch blähte sich immer mehr auf, bis er auf einmal platzte.

Versuche nicht das Unmögliche.

The Wolf and the Kid

Der Wolf und das Zicklein

There was once a little Kid whose growing horns made him think he was a grown-up Billy Goat and able to take care of himself.

Es war einmal ein kleines Zicklein, dessen wachsende Hörner ihn glauben ließen, er sei ein erwachsener Ziegenbock und in der Lage, für sich selbst zu sor-

So one evening, when the flock started home from the pasture, and his mother called, the Kid paid no heed and kept right on nibbling the tender grass. A little later, the flock was gone when he lifted his head.

He was all alone. The sun was sinking. Long shadows came creeping over the ground. A chilly little wind came creeping with them, making scary noises in the grass. The Kid shivered as he thought of the terrible Wolf. Then he started wildly over the field, bleating for his mother. But not halfway, near a clump of trees, there was the Wolf!

The Kid knew there was little hope for him.

"Please, Mr. Wolf," he said trembling," I know you

gen. Eines Abends, als die Herde von der Weide nach Hause aufbrach und seine Mutter rief, achtete das Zicklein nicht darauf und knabberte einfach weiter an dem zarten Gras. Wenig später war die Herde verschwunden, als er den Kopf hob.

Er war ganz allein. Die Sonne ging unter. Lange Schatten krochen über den Boden. Ein frostiger kleiner Wind kam mit ihnen herangeschlichen und machte unheimliche Geräusche im Gras. Das Zicklein zitterte, als er an den schrecklichen Wolf dachte. Dann sprang er wild über das Feld und blökte nach seiner Mutter. Aber nicht mal auf halber Strecke, in der Nähe einer Baumgruppe, war der Wolf!

Das Zicklein wusste, dass es wenig Hoffnung für ihn gab.

„Bitte, Herr Wolf", sagte er zitternd, „ich weiß, dass Sie mich

are going to eat me. But first, please pipe me a tune, for I want to dance and be merry as long as I can."

The Wolf liked the idea of a little music before eating, so he struck up a merry tune, and the Kid leaped and frisked gaily.

Meanwhile, the flock was moving slowly homeward. In the still evening air, the Wolf's piping carried far. The Shepherd Dogs pricked up their ears. They recognized the song the Wolf sings before a feast, and they were racing back to the pasture in a moment. The Wolf's song ended suddenly, and as he ran, with the Dogs at his heels, he called himself a fool for turning piper to please a Kid, when he should have stuck to his

auffressen werden. Aber zuerst pfeifen Sie mir bitte eine Melodie zu, denn ich möchte tanzen und fröhlich sein, solange ich kann."

Dem Wolf gefiel die Idee von ein wenig Musik vor dem Essen, also stimmte er eine fröhliche Melodie an, und das Zicklein sprang und hüpfte fröhlich herum.

Inzwischen bewegte sich die Herde langsam nach Hause. In der stillen Abendluft trug das Pfeifen des Wolfes weit. Die Schäferhunde spitzten die Ohren. Sie erkannten das Lied, das der Wolf vor einem Festmahl singt, und rasten gleich zur Weide zurück. Das Lied des Wolfs endete plötzlich, und als er rannte, mit den Hunden an seinen Fersen, nannte er sich einen Dummkopf, weil er gepfiffen hatte, um einem Zicklein zu gefallen, als er bei seinem Metzgerhandwerk hätte bleiben

butcher's trade.

Do not let anything turn you from your purpose.

sollen.

Lasse dich durch nichts von deinem Ziel abbringen.

The Tortoise and the Ducks
Die Schildkröte und die Enten

The Tortoise, you know, carries his house on his back. No matter how hard he tries, he cannot leave home. They say that Jupiter punished him

Die Schildkröte, wie du weißt, trägt ihr Haus auf dem Rücken. So sehr er es auch versucht, er kann sein Zuhause nicht verlassen. Sie sagen, dass

so because he was such a lazy stay-at-home that he would not go to Jupiter's wedding, even when especially invited.

After many years, Tortoise began to wish he had gone to that wedding. When he saw how gaily the birds flew about and how the Hare and the Chipmunk and all the other animals ran nimbly by, always eager to see everything there was to be seen, the Tortoise felt very sad and discontented. He wanted to see the world too, and there he was with a house on his back and short little legs that could hardly drag him along.

One day he met a pair of Ducks and told them all his trouble.

"We can help you to see the world," said the Ducks.

Jupiter ihn so bestraft hat, weil er so ein fauler Stubenhocker war, dass er nicht zu Jupiters Hochzeit ging, selbst wenn er extra eingeladen war.

Nach vielen Jahren wünschte sich die Schildkröte, er wäre zu dieser Hochzeit gegangen. Als er sah, wie fröhlich die Vögel herumflogen und wie der Hase und das Streifenhörnchen und all die anderen Tiere flink vorbeiliefen, immer begierig darauf, alles zu sehen, was es zu sehen gab, war die Schildkröte sehr traurig und unzufrieden. Er wollte auch die Welt sehen, und da war er mit einem Haus auf dem Rücken und kurzen Beinchen, die ihn kaum tragen konnten.

Eines Tages traf er ein Paar Enten und erzählte ihnen all seine Probleme.

"Wir können dir helfen, die

"Take hold of this stick with your teeth, and we will carry you far up in the air where you can see the whole countryside. But keep quiet, or you will be sorry."

The Tortoise was very glad indeed. He seized the stick firmly with his teeth, the two Ducks took hold of it one at each end, and away they sailed up toward the clouds.

Just then a Crow flew by. He was very much astonished at the strange sight and cried:

"This must surely be the King of Tortoises!"

"Why certainly—" began the Tortoise.

But as he opened his mouth to say these foolish words, he lost his hold on the

Welt zu sehen", sagten die Enten. „Ergreife diesen Stock mit deinen Zähnen, und wir tragen dich hoch in die Luft, wo du die ganze Landschaft sehen kannst. Aber sei still, sonst wird es dir leid tun."

Die Schildkröte war wirklich sehr froh. Er packte den Stock fest mit seinen Zähnen, die beiden Enten packten ihn an jedem Ende, und davon segelten sie den Wolken entgegen.

Gerade dann flog eine Krähe vorbei. Er war sehr erstaunt über den seltsamen Anblick und rief:

„Das muss doch der König der Schildkröten sein!"

„Aber natürlich ...", begann die Schildkröte.

Aber als er seinen Mund öffnete, um diese törichten Worte zu sagen, verlor er den Halt

stick, and down he fell to the ground, where he was dashed to pieces on a rock.

Foolish curiosity and vanity often lead to misfortune.

am Stock und stürzte zu Boden, wo er auf einem Felsen in Stücke zerschmettert wurde.

Törichte Neugier und Eitelkeit führen oft zu Unglück.

The Eagle and the Jackdaw

Der Adler und die Dohle

An Eagle, swooping down on powerful wings, seized a Lamb in her talons and made off with it to her nest. A Jackdaw saw the deed, and his silly head was filled with the idea that he

Ein Adler, der auf mächtigen Flügeln herabstürzte, packte ein Lamm mit seinen Klauen und verschwand damit zu seinem Nest. Eine Dohle sah die Tat, und sein dummer Kopf war von der Vorstellung erfüllt, dass er groß

was big and strong enough to do as the Eagle had done. So with much rustling of feathers and a fierce air, he came down swiftly on the back of a large Ram. But when he tried to rise again, he found that he could not get away, for his claws were tangled in the wool. And so far was he from carrying, away the Ram, that the Ram hardly noticed he was there.

The Shepherd saw the fluttering jackdaw and at once guessed what had happened. Running up, he caught the bird and clipped its wings. That evening he gave the Jackdaw to his children.

"What a funny bird this is!" they said laughing, "what do you call it, father?"

"That is a Jackdaw, my children. But if you should

und stark genug sei, um das zu tun, was der Adler getan hatte. So kam er mit viel Federrauschen und wilden Luft schnell auf den Rücken eines großen Widders herunter. Aber als er wieder aufzustehen versuchte, konnte er nicht entkommen, denn seine Klauen waren in der Wolle verheddert. Und er war so weit davon entfernt, den Widder wegzutragen, dass der Widder kaum bemerkte, dass er da war.

Der Hirte sah die flatternde Dohle und ahnte sofort, was passiert war. Er rannte hinauf, fing den Vogel und stutzte ihm die Flügel. An diesem Abend schenkte er seinen Kindern die Dohle.

"Was für ein lustiger Vogel das ist!" sie sagten lachend, "wie nennst du ihn, Vater?"

"Das ist eine Dohle, meine Kinder. Aber wenn ihr ihn fra-

ask him, he would say he is an Eagle."

Do not let your vanity make you overestimate your powers.

gen solltet, würde er sagen, er ist ein Adler."

Lassen Sie sich nicht von Ihrer Eitelkeit dazu verleiten, Ihre Kräfte zu überschätzen.

The Town Mouse and the Country Mouse
Die Stadtmaus und die Landmaus

A Town Mouse once visited a relative who lived in the country. For lunch, the Country Mouse served wheat stalks, roots, and acorns, with a dash of cold water for drink. The Town Mouse ate very sparingly, nibbling a little of this and a little of that, and by her manner making it very plain that she ate the simple food only to be

Eine Stadtmaus besuchte einmal einen Verwandten, der auf dem Land lebte. Zum Mittagessen servierte die Landmaus Weizenhalme, Wurzeln und Eicheln mit einem Schuss kaltem Wasser zum Trinken. Die Stadtmaus aß sehr sparsam, knabberte ein wenig davon und ein wenig davon und machte durch ihre Art sehr deutlich, dass sie die einfache Nahrung nur aus

polite.

After the meal the friends had a long talk, or rather the Town Mouse talked about her life in the city while the Country Mouse listened. They then went to bed in a cozy nest in the hedgerow and slept in quiet and comfort until morning. In her sleep, the Country Mouse dreamed she was a Town Mouse with all the luxuries and delights of city life that her friend had described for her. So the next day when the Town Mouse asked the Country Mouse to go home with her to the city, She gladly said yes.

When they reached the mansion in which the Town Mouse lived, they found on the table in the dining room the leavings of a very fine banquet. There were sweet-

Höflichkeit aß.

Nach dem Essen unterhielten sich die Freunde lange, oder besser gesagt, die Stadtmaus erzählte von ihrem Leben in der Stadt, während die Landmaus zuhörte. Dann gingen sie in einem gemütlichen Nest in der Hecke zu Bett und schliefen in Ruhe und Behaglichkeit bis zum Morgen. Im Schlaf träumte die Landmaus, sie sei eine Stadtmaus mit all dem Luxus und den Freuden des Stadtlebens, die ihre Freundin ihr beschrieben hatte. Als die Stadtmaus am nächsten Tag die Landmaus bat, mit ihr nach Hause in die Stadt zu gehen, sagte sie gerne zu.

Als sie das Herrenhaus erreichten, in dem die Stadtmaus lebte, fanden sie auf dem Tisch im Speisesaal die Überreste eines sehr schönen Banketts. Es gab Süßigkeiten und Gelees,

meats and jellies, pastries, delicious cheeses, indeed, the most tempting foods that a Mouse can imagine. But just as the Country Mouse was about to nibble a dainty bit of pastry, she heard a Cat mew loudly and scratched at the door. In great fear the Mice scurried to a hiding place, where they lay quite still for a long time, hardly daring to breathe. When they finally ventured back to the feast, the door opened suddenly, and the servants came to clear the table, followed by the House Dog.

The Country Mouse stopped in the Town Mouse's den only long enough to pick up her carpet bag and umbrella.

"You may have luxuries and dainties that I have not,"

Gebäck, köstlichen Käse, in der Tat die verlockendsten Speisen, die sich eine Maus vorstellen kann. Aber gerade als die Landmaus ein feines Stück Gebäck knabbern wollte, hörte sie eine Katze laut miauen und kratzte an der Tür. In großer Angst eilten die Mäuse zu einem Versteck, wo sie lange Zeit ganz still dalagen und kaum zu atmen wagten. Als sie sich schließlich zum Festessen zurückwagten, öffnete sich plötzlich die Tür, und die Diener kamen, um den Tisch abzuräumen, gefolgt vom Haushund.

Die Landmaus hielt gerade lange genug in der Höhle der Stadtmaus an, um ihre Teppichtasche und ihren Regenschirm aufzuheben.

"Du hast vielleicht Luxus und Leckereien, die ich nicht habe", sagte sie, als sie davoneil-

she said as she hurried away, "but I prefer my plain food and simple life in the country with the peace and security that go with it."

Poverty with security is better than plenty in the midst of fear and uncertainty.

te, "aber ich bevorzuge mein einfaches Essen und mein einfaches Leben auf dem Land mit dem Frieden und der Sicherheit, die damit einhergehen."

Armut mit Sicherheit ist besser als Überfluss inmitten von Angst und Unsicherheit.

The Ass and His Driver
Der Esel und sein Reiter

An Ass was being driven along a road leading down the mountain side, when he suddenly took it into his silly head to choose his own path. He could see his stall at the foot of the mountain, and to

Ein Esel wurde eine Straße entlang gefahren, die den Berghang hinunterführte, als plötzlich in seinen dummen Kopf kam, seinen eigenen Weg zu wählen. Er konnte seinen Stall am Fuß des Berges sehen, und für ihn schien der schnellste

him, the quickest way down seemed to be over the edge of the nearest cliff. Just as he was about to leap over, his master caught him by the tail and tried to pull him back, but the stubborn Ass would not yield and pulled with all his might.

"Very well," said his master, "go your way, you willful beast, and see where it leads you." With that, he let go, and the foolish Ass tumbled head over heels down the mountain side.

They who will not listen to reason but stubbornly go their own way against the friendly advice of those who are wiser than they, are on the road to misfortune.

Weg nach unten über den Rand der nächsten Klippe zu führen. Gerade als er hinüberspringen wollte, packte ihn sein Herr am Schwanz und versuchte, ihn zurückzuziehen, aber der störrische Esel gab nicht nach und zog mit aller Kraft.

"Nun gut", sagte sein Herr, "geh deinen Weg, du eigensinniges Tier, und sieh, wohin es dich führt." Damit ließ er los und der dumme Esel stürzte Hals über Kopf den Berg hinunter.

Wer nicht auf die Vernunft hört, sondern gegen den freundlichen Rat derer, die klüger sind als er, hartnäckig seinen eigenen Weg geht, ist auf dem Weg ins Unglück.

The Lion and the Mouse
Der Löwe und die Maus

A Lion lay asleep in the forest, his great head resting on his paws. A timid little Mouse came upon him unexpectedly and ran across the Lion's nose in her fright and haste to get away. Roused from his nap, the Lion laid his huge paw angrily on the tiny creature to kill her.

"Spare me!" begged the

Ein Löwe lag schlafend im Wald, sein großer Kopf ruhte auf seinen Pfoten. Eine schüchterne kleine Maus kam unerwartet über ihn und rannte in ihrer Angst und Eile, wegzukommen, über die Nase des Löwen. Aus seinem Nickerchen aufgeweckt, legte der Löwe wütend seine riesige Pfote auf die winzige Kreatur, um sie zu töten.

"Verschone mich!" bat die

poor Mouse. "Please let me go, and some day I will surely repay you."

The Lion was much amused to think that a Mouse could ever help him. But he was generous and finally let the Mouse go.

Some days later, while stalking his prey in the forest, the Lion was caught in the toils of a hunter's net. Unable to free himself, he filled the forest with his angry roaring. The Mouse knew the voice and quickly found the Lion struggling in the net. Running to one of the great ropes that bound him, she gnawed it until it parted, and soon the Lion was free.

"You laughed when I said I would repay you," said the Mouse. "Now you

arme Maus. "Bitte lass mich gehen, und eines Tages werde ich es dir sicher zurückzahlen."

Der Löwe war sehr amüsiert bei dem Gedanken, dass ihm jemals eine Maus helfen könnte. Aber er war großzügig und ließ die Maus schließlich gehen.

Einige Tage später geriet der Löwe auf der Jagd nach seiner Beute im Wald in die Netze eines Jägers. Unfähig, sich zu befreien, erfüllte er den Wald mit seinem wütenden Gebrüll. Die Maus kannte die Stimme und fand schnell den Löwen, der sich im Netz abmühte. Sie rannte zu einem der großen Seile, die ihn fesselten, und nagte daran, bis es sich teilte, und bald war der Löwe frei.

„Du hast gelacht, als ich sagte, ich würde es dir zurückzahlen," sagte die Maus. "Jetzt siehst

see that even a Mouse can help a Lion."

A kindness is never wasted.

du, dass sogar eine Maus einem Löwen helfen kann."

Eine Freundlichkeit ist nie verschwendet.

The Plane Tree
Die Platane

Walking in the noonday sun, two travelers sought the shade of a wide-spreading tree to rest. As they lay looking up among the pleasant leaves, they saw that it was a Plane Tree.

Bei einem Spaziergang in der Mittagssonne suchten zwei Reisende den Schatten eines weit ausladenden Baumes, um sich auszuruhen. Als sie zwischen den angenehmen Blättern aufschauten, sahen sie, dass es

"How useless is the Plane!" said one of them. "It bears no fruit whatever, and only serves to litter the ground with leaves."

"Ungrateful creatures!" said a voice from the Plane Tree. "You lie here in my cooling shade, and yet you say I am useless! Thus ungratefully, O Jupiter, do men receive their blessings!"

Our best blessings are often the least appreciated.

eine Platane war.

"Wie nutzlos ist die Platane!" sagte einer von ihnen. "Er trägt überhaupt keine Früchte und dient nur dazu, den Boden mit Blättern zu bestreuen."

"Undankbare Geschöpfe!" sagte eine Stimme von der Platane. „Du liegst hier in meinem kühlenden Schatten und sagst doch, ich sei nutzlos!

Unser größter Segen wird oft am wenigsten geschätzt.

The Frogs who Wished for a King
Die Frösche, die sich einen König wünschten

The Frogs were tired of governing themselves. They had so much freedom that it had spoiled them, and they did nothing but sit around

Die Frösche waren es leid, sich selbst zu regieren. Sie hatten so viel Freiheit, dass es sie verwöhnt hatte, und sie taten nichts anderes, als herumzusitzen, ge-

croaking in a bored manner and wishing for a government that could entertain them with the pomp and display of royalty, and rules them in a way to make them know they were being ruled. No milk and water government for them, they declared. So they sent a petition to Jupiter asking for a king.

Jupiter saw what simple and foolish creatures they were, but to keep them quiet and make them think they had a king he threw down a huge log, which fell into the water with a great splash. The Frogs hid themselves among the reeds and grasses, thinking the new king to be some fearful giant. But they soon discovered how tame and peaceable King Log was.

langweilt zu krächzen und sich eine Regierung zu wünschen, die sie mit dem Pomp und der Zurschaustellung von Königen unterhalten könnte und sie so regiert, dass sie wissen sie wurden regiert. Keine Milch- und Wasserregierung für sie, erklärten sie. Also schickten sie eine Petition an Jupiter mit der Bitte um einen König.

Jupiter sah, was für einfältige und dumme Geschöpfe sie waren, aber um sie ruhig zu halten und sie glauben zu machen, sie hätten einen König, warf er einen riesigen Baumstamm hinab, der mit einem großen Platschen ins Wasser fiel. Die Frösche versteckten sich zwischen Schilf und Gräsern und hielten den neuen König für einen furchterregenden Riesen. Aber sie entdeckten bald, wie zahm und friedlich King Log war.

ble King Log was. In a short time, the younger Frogs were using him for a diving platform, while the older Frogs made him a meeting place, where they complained loudly to Jupiter about the government.

To teach the Frogs a lesson the ruler of the gods now sent a Crane to be king of Frogland. The Crane proved to be a very different sort of king from the old King Log. He gobbled up the poor Frogs right and left, and they soon saw what fools they had been. In mournful croaks, they begged Jupiter to take away the cruel tyrant before they should all be destroyed.

"How now!" cried Jupiter. "Are you not yet content? You have what you

In kurzer Zeit benutzten ihn die jüngeren Frösche als Sprungturm, während die älteren Frösche ihn zu einem Treffpunkt machten, wo sie sich lautstark bei Jupiter über die Regierung beschwerten.

Um den Fröschen eine Lektion zu erteilen, schickte der Herrscher der Götter nun einen Kranich zum König vom Froschland. Der Kranich erwies sich als eine ganz andere Art von König als der alte König Log. Er verschlang die armen Frösche rechts und links, und sie sahen bald, was für Dummköpfe sie gewesen waren. Mit klagendem Krächzen baten sie Jupiter, den grausamen Tyrannen zu beseitigen, bevor sie alle vernichtet würden.

"Wie jetzt!" rief Jupiter. "Seid ihr noch nicht zufrieden? Ihr habt, worum ihr gebeten habt,

asked for, so you only blame yourselves for your misfortunes."

Be sure you can better your condition before you seek to change.

also gebt euch selbst die Schuld für euer Unglück."

Stelle sicher, dass du deinen Zustand verbessern kannst, bevor du versuchst, ihn zu ändern.

The Owl and the Grasshopper
Die Eule und die Heuschrecke

The Owl always takes her sleep during the day. Then after sundown, when the rosy light fades from the sky, and the shadows rise slowly through the wood, out she comes ruffling and blinking from the old hollow tree.

Tagsüber schläft die Eule immer. Dann, nach Sonnenuntergang, wenn das rosige Licht vom Himmel schwindet und die Schatten langsam durch den Wald steigen, kommt sie zerzaust und blinzelnd aus dem alten hohlen Baum. Jetzt hallt ihr

Now her weird "hoo-hoo-hoo-oo-oo" echoes through the quiet wood, and she begins her hunt for the bugs and beetles, frogs, and mice she likes so well to eat.

Now there was a certain old Owl who had become very cross and hard to please as she grew older, especially if anything disturbed her daily slumbers. One warm summer afternoon as she dozed away in her den in the old oak tree, a Grasshopper nearby began a joyous but very raspy song. Out popped the old Owl's head from the opening in the tree that served her both for the door and for the window.

"Get away from here, sir," she said to the Grasshopper. "Have you no manners? You should at least

unheimliches „Hou-hoo-hoo-oo-oo" durch den stillen Wald, und sie beginnt ihre Jagd nach den Käfern, Fröschen und Mäusen, die sie so gerne frisst.

Nun war da eine gewisse alte Eule, die mit zunehmendem Alter sehr verärgert und schwer zufrieden zu stellen war, besonders wenn irgendetwas ihren täglichen Schlummer störte. Eines warmen Sommernachmittags, als sie in ihrer Höhle in der alten Eiche eindöste, begann eine Heuschrecke in der Nähe ein fröhliches, aber sehr heiseres Lied. Heraus kam der Kopf der alten Eule aus der Öffnung im Baum, der ihr sowohl als Tür als auch als Fenster diente.

„Verschwinden Sie von hier, Herr", sagte sie zu der Heuschrecke. "Haben Sie keine Manieren? Sie sollten wenigstens mein Alter respektieren und

respect my age and leave me to sleep in quiet!"

But the Grasshopper answered saucily that he had as much right to his place in the sun as the Owl had to her place in the old oak. Then he struck up a louder and still more rasping tune.

The wise old Owl knew quite well that it would do no good to argue with the Grasshopper, nor with anybody else for that matter. Besides, her eyes were not sharp enough by day to permit her to punish the Grasshopper as he deserved. So she laid aside all hard words and spoke very kindly to him.

"Well, sir," she said, "if I must stay awake, I am going to settle right down to enjoy your singing. Now that I think of it, I have a wonderful

mich in Ruhe schlafen lassen!"

Aber die Heuschrecke antwortete frech, dass er genauso viel Recht auf seinen Platz an der Sonne habe wie die Eule auf ihren Platz in der alten Eiche. Dann schlug er eine lautere und noch schrillere Melodie an.

Die weise alte Eule wusste ganz genau, dass es nichts nützen würde, mit der Heuschrecke zu streiten, noch mit sonst jemandem. Außerdem waren ihre Augen tagsüber nicht scharf genug, um ihr zu erlauben, den Grashüpfer so zu bestrafen, wie er es verdiente. So legte sie alle harten Worte beiseite und sprach sehr freundlich zu ihm.

„Nun, mein Herr", sagte sie, „wenn ich wach bleiben muss, werde ich mich sofort hinsetzen, um Ihren Gesang zu genießen. Wenn ich jetzt darüber nachdenke, habe ich hier einen wunderbaren Wein, den ich vom

wine here, sent me from Olympus, of which I am told Apollo drinks before he sings to the high gods. Please come up and taste this delicious drink with me. I know it will make you sing like Apollo himself."

The Owl's flattering words took in the foolish Grasshopper. Up he jumped to the Owl's den, but as soon as he was near enough so the old Owl could see him clearly, she pounced upon him and ate him up.

Flattery is not proof of true admiration.

Do not let flattery throw you off your guard against an enemy.

Olymp geschickt bekommen habe. Mir wurde gesagt, dass Apollo ihn trinkt, bevor er zu den hohen Göttern singt. Bitte kommen Sie herauf und probieren Sie dieses köstliche Getränk mit mir. Ich weiß, dass es Sie dazu bringen wird, wie Apollo selbst zu singen."

Die schmeichelhaften Worte der Eule nahmen den törichten Grashüpfer auf. Er sprang in die Höhle der Eule, aber sobald er nahe genug war, dass die alte Eule ihn deutlich sehen konnte, stürzte sie sich auf ihn und fraß ihn auf.

Schmeichelei ist kein Beweis wahrer Bewunderung.

Lasse dich durch Schmeicheleien nicht von deiner Wachsamkeit gegenüber einem Feind abbringen.

The Oak and the Reeds
Die Eiche und das Schilf

A Giant Oak stood near a brook in which grew some slender Reeds. When the wind blew, the great Oak stood proudly upright with its hundred arms uplifted to the sky. But the Reeds bowed low in the wind and sang a sad and mournful song.

"You have reason to complain," said the Oak.

Eine Rieseneiche stand in der Nähe eines Baches, in dem schlankes Schilf wuchs. Wenn der Wind wehte, stand die große Eiche stolz aufrecht da, ihre hundert Arme in den Himmel erhoben. Aber die Schilfe neigten sich tief in den Wind und sangen ein trauriges und klagendes Lied.

„Ihr habt Grund, euch zu beschweren", sagte die Eiche. "Die leiseste Brise, die die Wasser-

"The slightest breeze that ruffles the surface of the water makes you bow your heads, while I, the mighty Oak, stand upright and firm before the howling tempest."

"Do not worry about us," replied the Reeds. "The winds do not harm us. We bow before them and so we do not break. In all your pride and strength, you have so far resisted their blows. But the end is coming."

As the Reeds spoke, a great hurricane rushed out of the north. The Oak stood proudly and fought against the storm, while the yielding Reeds bowed low. The wind redoubled in a fury, and all at once, the great tree fell, torn up by the roots, and lay among the pitying Reeds.

oberfläche kräuselt, lässt euch eure Köpfe beugen, während ich, die mächtige Eiche, aufrecht und fest vor dem heulenden Sturm stehe."

„Machen Sie sich keine Sorgen um uns", erwiderten die Schilfe. „Die Winde schaden uns nicht. Wir beugen uns vor ihnen und brechen daher nicht. In all deinem Stolz und deiner Stärke hast du ihren Schlägen bisher widerstanden. Aber das Ende kommt."

Während die Schilfe sprachen, raste ein großer Hurrikan aus dem Norden. Die Eiche stand stolz da und kämpfte gegen den Sturm, während sich das nachgebende Schilf tief verbeugte. Der Wind verdoppelte sich in seiner Wut, und plötzlich fiel der große Baum, von den Wurzeln ausgerissen, und lag zwischen dem mitleidigen Schilf.

Better to yield when it is folly to resist, than to resist stubbornly and be destroyed.

Besser nachgeben, wenn Widerstand töricht ist, als hartnäckig zu widerstehen und zerstört zu werden.

The Boys and the Frogs
Die Jungen und die Frösche

Some Boys were playing one day at the edge of a pond where a family of Frogs lived. The Boys amused themselves by throwing stones into the pond so as to make them skip on top of the water.

Einige Jungen spielten eines Tages am Rand eines Teiches, wo eine Familie von Fröschen lebte. Die Jungs vergnügten sich damit, Steine in den Teich zu werfen, damit sie auf dem Wasser hüpften.

The stones were flying thick and fast, and the Boys were enjoying themselves very much, but the poor Frogs in the pond were trembling with fear.

At last, one of the Frogs, the oldest and bravest, put his head out of the water and said, "Oh, please, dear children, stop your cruel play! Though it may be fun for you, it means death to us!"

Always stop to think whether your fun may not be the cause of another's unhappiness.

Die Steine flogen dick und schnell, und die Jungen amüsierten sich sehr, aber die armen Frösche im Teich zitterten vor Angst.

Schließlich steckte einer der Frösche, der Älteste und Tapferste, seinen Kopf aus dem Wasser und sagte: „Oh, bitte, liebe Kinder, hört auf mit eurem grausamen Spiel! Auch wenn es für euch Spaß macht, bedeutet es für uns den Tod! "

Denke immer darüber nach, ob dein Spaß nicht die Ursache für das Unglück anderer sein könnte.

The Crow and the Pitcher
Die Krähe und der Krug

In a spell of dry weather, when the Birds could find very little to drink, a thirsty Crow found a pitcher with a little water in it. But the pitcher was high and had a narrow neck, and no

Bei trockenem Wetter, als die Vögel sehr wenig zu trinken finden konnten, fand eine durstige Krähe einen Krug mit etwas Wasser darin. Aber der Krug war hoch und hatte einen schmalen Hals, und so sehr er es auch ver-

matter how he tried, the Crow could not reach the water. The poor thing felt as if he must die of thirst.	suchte, die Krähe konnte das Wasser nicht erreichen. Dem armen Ding war zumute, als müsse er verdursten.
Then an idea came to him. Picking up some small pebbles, he dropped them into the pitcher one by one. With each pebble, the water rose a little higher until, at last, it was near enough so he could drink.	Dann kam ihm eine Idee. Er hob ein paar kleine Kieselsteine auf und ließ sie einen nach dem anderen in den Krug fallen. Mit jedem Kieselstein stieg das Wasser ein wenig höher, bis es schließlich nahe genug war, dass er trinken konnte.
In a pinch, a good use of our wits may help us out.	*Zur Not kann uns ein guter Einsatz unseres Verstandes helfen.*

The Ants and the Grasshopper
Die Ameisen und die Heuschrecke

One bright day in late autumn, a family of Ants was bustling about in the warm sunshine, drying out the grain they had stored up during the summer, when a starving Grasshopper, his fiddle under his arm, came up and humbly begged for a bite to eat.

"What!" cried the Ants in

Eines hellen Spätherbsttages tummelte sich eine Ameisenfamilie in der warmen Sonne und trocknete das Getreide, das sie im Sommer gelagert hatten, als eine hungernde Heuschrecke, die Geige unter dem Arm, heraufkam und demütig um einen Bissen Essen bettelte.

"Was!" riefen die Ameisen überrascht, „hast du nichts für

surprise, "haven't you stored anything away for the winter? What in the world were you doing all last summer?"

"I didn't have time to store up any food," whined the Grasshopper; "I was so busy making music that before I knew it, the summer was gone.

The Ants shrugged their shoulders in disgust.

"Making music, were you?" they cried. "Very well; now dance!" And they turned their backs on the Grasshopper and went on with their work.

There's a time for work and a time for play.

den Winter eingelagert? Was um alles in der Welt hast du den ganzen letzten Sommer gemacht?"

„Ich hatte keine Zeit, Essen aufzubewahren," jammerte die Heuschrecke; „Ich war so damit beschäftigt, Musik zu machen, dass der Sommer, ehe ich mich versah, vorbei war.

Die Ameisen zuckten angewidert mit den Schultern.

"Musik machen, nicht wahr?" Sie weinten. "Sehr gut; jetzt tanze!" Und sie kehrten der Heuschrecke den Rücken und machten mit ihrer Arbeit weiter.

Es gibt eine Zeit zum Arbeiten und eine Zeit zum Spielen.

A Raven and a Swan

Ein Rabe und ein Schwan

A Raven, which you know is black as coal, was envious of the Swan because her feathers were as white as the purest snow. The foolish bird got the idea that if he lived like the Swan, swimming, and diving all day long

Ein Rabe, von dem ihr wisst, dass er schwarz wie Kohle ist, war neidisch auf den Schwan, weil seine Federn so weiß waren wie der reinste Schnee. Der dumme Vogel kam auf die Idee, dass, wenn er wie der Schwan lebte, den ganzen Tag schwimmt und taucht und das Unkraut und

and eating the weeds and plants that grow in the water, his feathers would turn white like the Swan's.

So he left his home in the woods and fields and flew down to live on the lakes and in the marshes. But though he washed and washed all day long, almost drowning himself in it, his feathers remained as black as ever. And as the water weeds he ate did not agree with him, he got thinner and thinner, and at last, he died.

A change of habits will not alter nature.

die Pflanzen frisst, die im Wasser wachsen, seine Federn so weiß werden wie die des Schwans.

Also verließ er seine Heimat in den Wäldern und Feldern und flog hinab, um an den Seen und in den Sümpfen zu leben. Aber obwohl er sich den ganzen Tag wusch und wusch und sich dabei fast ertrank, blieben seine Federn so schwarz wie immer. Und da ihm das Wasserkraut, das er aß, nicht gefiel, wurde er immer dünner und starb schließlich.

Eine Änderung der Gewohnheiten wird die Natur nicht verändern.

The Ass and the Load of Salt

Der Esel und die Ladung Salz

A Merchant, driving his Ass homeward from the seashore with a heavy load of salt, came to a river crossed by a shallow ford. They had

Ein Kaufmann, der seinen Esel mit einer schweren Ladung Salz von der Küste heimwärts trieb, kam zu einem Fluss, der von einer seichten Furt durch-

crossed this river many times before without accident, but this time the Ass slipped and fell when halfway over. And when the Merchant, at last, got him to his feet, much of the salt had melted away. Delighted to find how much lighter his burden had become, the Ass finished the journey very gaily.

The next day, the Merchant went for another load of salt. On the way home, the Ass, remembering what had happened at the ford, purposely let himself fall into the water and again got rid of most of his burden.

The angry Merchant immediately turned about and drove the Ass back to the seashore, where he loaded him with two great baskets

quert wurde. Sie hatten diesen Fluss schon oft ohne Unfall überquert, aber dieses Mal rutschte der Esel aus und fiel auf halbem Weg hinüber. Und als der Kaufmann ihn schließlich auf die Beine brachte, war ein Großteil des Salzes weggeschmolzen. Erfreut darüber, wie viel leichter seine Last geworden war, beendete der Esel die Reise sehr fröhlich.

Am nächsten Tag holte der Händler eine weitere Ladung Salz. Auf dem Heimweg ließ sich der Esel, der sich daran erinnerte, was an der Furt passiert war, absichtlich ins Wasser fallen und entledigte sich wieder des größten Teils seiner Last.

Der wütende Kaufmann drehte sich sofort um und trieb den Esel zurück an die Küste, wo er ihn mit zwei großen Körben voller Schwämme belud. An der

of sponges. At the ford the Ass again tumbled over; but when he had scrambled to his feet, it was a very disconsolate Ass that dragged himself homeward under a load ten times heavier than before.

The same measures will not suit all circumstances.

Furt stürzte der Esel wieder um; aber als er sich aufrappelte, war es ein sehr trostloser Esel, der sich unter einer zehnmal schwereren Last als zuvor nach Hause schleppte.

Dieselben Maßnahmen werden nicht für alle Umstände geeignet sein.

The Lion and the Gnat
Der Löwe und die Mücke

"Away with you, vile insect!" said a Lion angrily to a Gnat that was buzzing around his head. But the Gnat was not in the least disturbed.

"Do you think," he said

"Weg mit dir, widerliches Insekt!" sagte ein Löwe wütend zu einer Mücke, die um seinen Kopf herumschwirrte. Aber die Mücke ließ sich nicht im geringsten stören.

"Glaubst du", sagte er ge-

spitefully to the Lion, "that I am afraid of you because they call you king?"

The next instant he flew at the Lion and stung him sharply on the nose. Mad with rage, the Lion struck fiercely at the Gnat, but only succeeded in tearing himself with his claws. Again and again, the Gnat stung the Lion, who now was roaring terribly. At last, worn out with rage and covered with wounds that his own teeth and claws had made, the Lion gave up the fight.

The Gnat buzzed away to tell the whole world about his victory, but instead, he flew straight into a spider's web. And there, he who had defeated the King of beasts came to a miserable end, the prey of a little spider.

hässig zu dem Löwen, "dass ich Angst vor dir habe, weil sie dich König nennen?"

Im nächsten Moment flog er auf den Löwen zu und stach ihm scharf in die Nase. Wütend vor Wut schlug der Löwe heftig auf die Mücke ein, schaffte es aber nur, sich mit seinen Krallen zu zerreißen. Immer wieder stach die Mücke den Löwen, der nun fürchterlich brüllte. Schließlich gab der Löwe, erschöpft vor Wut und übersät mit Wunden, die seine eigenen Zähne und Krallen verursacht hatten, den Kampf auf.

Die Mücke summte davon, um der ganzen Welt von seinem Sieg zu erzählen, aber stattdessen flog sie direkt in ein Spinnennetz. Und dort fand der, der den König der Bestien besiegt hatte, ein jämmerliches Ende, die Beute einer kleinen Spinne.

The least of our enemies is often the most to be feared.

Pride over a success should not throw us off our guard.

Der kleinste unserer Feinde ist oft der am meisten zu fürchtende.

Stolz auf einen Erfolg sollte uns nicht aus der Fassung bringen.

The Wild Boar and the Fox

Das Wildschwein und der Fuchs

A Wild Boar was sharpening his tusks busily against the stump of a tree, when a Fox happened by. Now the Fox was always looking for a chance to make fun of his neighbors. So he made a great show of looking anxiously about, as if in fear of some

Ein Wildschwein schärfte eifrig seine Stoßzähne gegen einen Baumstumpf, als ein Fuchs vorbeikam. Jetzt suchte der Fuchs immer nach einer Gelegenheit, sich über seine Nachbarn lustig zu machen. Also machte er eine große Show, indem er sich ängstlich umsah, als ob er Angst vor ei-

hidden enemy. But the Boar kept right on with his work.

"Why are you doing that?" asked the Fox at last with a grin. "There isn't any danger that I can see.

"True enough," replied the Boar, "but when danger does come there will not be time for such work as this. My weapons will have to be ready for use then, or I shall suffer for it."

Preparedness for war is the best guarantee of peace.

nem verborgenen Feind hätte. Aber der Eber machte weiter mit seiner Arbeit.

"Warum machen Sie das?" fragte der Fuchs schließlich mit einem Grinsen. „Ich sehe keine Gefahr.

„Das stimmt," erwiderte der Eber, „aber wenn die Gefahr kommt, wird für solche Arbeiten keine Zeit bleiben. Dann müssen meine Waffen einsatzbereit sein, oder ich werde dafür leiden."

Kriegsbereitschaft ist die beste Garantie für Frieden.

The Lion, the Bear and the Fox

Der Löwe, der Bär und der Fuchs

Just as a great Bear rushed to seize a stray kid, a Lion leaped from another direction upon the same prey. The two fought furiously for the prize until they

Gerade als ein großer Bär sich beeilte, ein streunendes Zicklein zu ergreifen, sprang ein Löwe aus einer anderen Richtung auf dieselbe Beute. Die beiden kämpften wütend um den Preis,

had received so many wounds that both sank down unable to continue the battle.

Just then a Fox dashed up, and seizing the kid, made off with it as fast as he could go, while the Lion and the Bear looked on in helpless rage.

"How much better it would have been," they said, "to have shared in a friendly spirit."

Those who have all the toil do not always get the profit.

bis sie so viele Wunden erlitten hatten, dass beide zusammenbrachen und den Kampf nicht fortsetzen konnten.

Genau in diesem Moment stürmte ein Fuchs heran, packte das Zicklein und machte sich so schnell er konnte davon, während der Löwe und der Bär in hilfloser Wut zusahen.

"Wie viel besser wäre es gewesen", sagten sie, "in einem freundlichen Geist geteilt zu haben."

Wer sich die Mühe macht, bekommt nicht immer den Gewinn.

The Wolf and the Lamb
Der Wolf und das Lamm

A stray Lamb stood drinking early one morning on the bank of a woodland stream. That very same morning, a hungry Wolf came by farther up the stream, hunting for something to eat. He soon got his eyes on the Lamb. As a rule, Mr. Wolf snapped up such delicious morsels without making any bones about it, but this Lamb

Ein streunendes Lamm stand eines frühen Morgens am Ufer eines Waldbaches und trank. Am selben Morgen kam ein hungriger Wolf weiter stromaufwärts auf der Suche nach etwas Essbarem vorbei. Bald bekam er das Lamm ins Auge. In der Regel schnappte sich Herr Wolf so köstliche Häppchen, ohne sich einen Kopf darüber zu machen, aber dieses Lamm sah so sehr hilflos und

looked so very helpless and innocent that the Wolf felt he ought to have some kind of an excuse for taking its life.

"How dare you paddle around in my stream and stir up all the mud!" he shouted fiercely. "You deserve to be punished severely for your rashness!"

"But, your highness," replied the trembling Lamb, "do not be angry! I cannot possibly muddy the water you are drinking up there. Remember, you are upstream, and I am downstream."

"You do muddy it!" retorted the Wolf savagely. "And besides, I have heard that you told lies about me last year!"

"How could I have done so?" pleaded the Lamb. "I

unschuldig aus, dass der Wolf meinte, er müsste eine Art Entschuldigung dafür haben, ihm das Leben zu nehmen.

"Wie kannst du es wagen, in meinem Strom herumzupaddeln und den ganzen Schlamm aufzuwirbeln!" schrie er heftig. "Du verdienst es, für deine Unbesonnenheit hart bestraft zu werden!"

„Aber, Hoheit", erwiderte das zitternde Lamm, „sei nicht böse! Ich kann unmöglich das Wasser trüben, das du da oben trinkst. Denk daran, du bist stromaufwärts und ich stromabwärts."

"Du schlammst es!" entgegnete der Wolf wütend. "Und außerdem habe ich gehört, dass du letztes Jahr Lügen über mich erzählt hast!"

"Wie hätte ich das tun können?" bat das Lamm. "Ich bin

wasn't born until this year."

"If it wasn't you, it was your brother!"

"I have no brothers.

"Well, then," snarled the Wolf, "It was someone in your family anyway. But no matter who it was, I do not intend to be talked out of my breakfast." And without more words the Wolf seized the poor Lamb and carried her off to the forest.

The tyrant can always find an excuse for his tyranny.

The unjust will not listen to the reasoning of the innocent.

erst dieses Jahr geboren."

"Wenn du es nicht warst, war es dein Bruder!"

"Ich habe keine Brüder.

„Nun denn", fauchte der Wolf, „es war sowieso jemand aus deiner Familie. Aber es ist egal wer es war, ich lasse mir das Frühstück nicht ausreden." Und ohne weitere Worte packte der Wolf das arme Lamm und trug es in den Wald.

Der Tyrann findet immer eine Entschuldigung für seine Tyrannei.

Die Ungerechten hören nicht auf die Argumente der Unschuldigen.

The Hares and the Frogs
Die Hasen und die Frösche

Hares, as you know, are very timid. The least shadow, sends them scurrying in fright to a hiding place. Once they decided to die rather than live in such misery. But while they were debating how best to meet death, they thought they

Wie du weißt, sind Hasen sehr schüchtern. Der kleinste Schatten lässt sie erschrocken in ein Versteck huschen. Einmal beschlossen sie, lieber zu sterben, als in solchem Elend zu leben. Aber während sie überlegten, wie sie dem Tod am

heard a noise and in a flash were scampering off to the warren. On the way, they passed a pond where a family of Frogs was sitting among the reeds on the bank. In an instant, the startled Frogs were seeking safety in the mud.

"Look," cried a Hare, "things are not so bad after all, for here are creatures who are even afraid of us!"

However unfortunate we may think we are there is always someone worse off than ourselves.

besten begegnen könnten, glaubten sie, ein Geräusch zu hören, und huschten blitzschnell in den Bau. Unterwegs kamen sie an einem Teich vorbei, an dem eine Froschfamilie im Schilf am Ufer saß. Sofort suchten die erschrockenen Frösche im Schlamm Schutz.

"Schau," rief ein Hase, "es ist doch nicht so schlimm, denn hier sind Geschöpfe, die sich sogar vor uns fürchten!"

So unglücklich wir auch denken mögen zu sein, es gibt immer jemanden, der schlechter dran ist als wir selbst.

The Wolf and the Lion
Der Wolf und der Löwe

A Wolf had stolen a Lamb and was carrying it off to his lair to eat it. But his plans were very much changed when he met a Lion, who, without making any excuses, took the Lamb away

Ein Wolf hatte ein Lamm gestohlen und trug es zu seiner Höhle, um es zu essen. Aber seine Pläne änderten sich, als er einem Löwen begegnete, der ihm ohne jede Entschuldigung das Lamm wegnahm.

from him.

The Wolf made off to a safe distance, and then said in a much-injured tone

"You have no right to take my property like that!"

The Lion looked back, but as the Wolf was too far away to be taught a lesson without too much inconvenience, he said:

"Your property? Did you buy it, or did the Shepherd make you a gift of it? Pray tell me, how did you get it?"

What is evil won is evil lost.

Der Wolf entfernte sich in sicherer Entfernung und sagte dann in einem sehr verletzten Ton "Du hast kein Recht, mein Eigentum so zu nehmen!"

Der Löwe blickte zurück, aber da der Wolf zu weit entfernt war, um ihm ohne allzu große Unannehmlichkeiten eine Lektion erteilen zu können, sagte er:

„Dein Eigentum? Hast du es gekauft, oder hat der Hirte es dir geschenkt? Bitte sag mir, wie hast du es bekommen?"

Was Böse gewonnen wurde, wird Böse verloren.

The Fox and the Lion

Der Fuchs und der Löwe

A very young Fox, who had never before seen a Lion, happened to meet one in the forest. A single look was enough to send the Fox off at top speed for the

Ein sehr junger Fuchs, der noch nie zuvor einen Löwen gesehen hatte, begegnete zufällig einem im Wald. Ein einziger Blick genügte, um den Fuchs in Höchstgeschwindigkeit zum

nearest hiding place.

The second time the Fox saw the Lion, he stopped behind a tree to look at him a moment before slinking away. But the third time, the Fox went boldly up to the Lion and, without turning a hair, said, "Hello, there, old top."

Familiarity breeds contempt.

Acquaintance with evil blinds us to its dangers.

nächsten Versteck zu schicken.

Als der Fuchs den Löwen das zweite Mal sah, blieb er hinter einem Baum stehen, um ihn einen Moment lang anzusehen, bevor er davonschlich. Aber beim dritten Mal ging der Fuchs kühn auf den Löwen zu und sagte, ohne ein Haar zu kräuseln: "Hallo, alter Kreisel."

Vertrautheit erzeugt Verachtung.

Die Bekanntschaft mit dem Bösen macht uns blind für seine Gefahren.

The Monkey and the Dolphin
Der Affe und der Delfin

It happened once upon a time that a certain Greek ship bound for Athens was wrecked off the coast close to Piraeus, the port of Athens. Had it not been for the Dolphins, who at

Es geschah einmal, dass ein bestimmtes griechisches Schiff auf dem Weg nach Athen vor der Küste in der Nähe von Piräus, dem Hafen von Athen, Schiffbruch erlitt. Wären nicht die Delfine gewesen, die da-

that time were very friendly toward mankind and especially toward Athenians, all would have perished. But the Dolphins took the ship- wrecked people on their backs and swam with them to shore.

Now it was the custom among the Greeks to take their pet monkeys and dogs with them when ever they went on a voyage. So when one of the Dolphins saw a Monkey struggling in the water, he thought it was a man, and made the Monkey climb up on his back. Then off he swam with him toward the shore.

The Monkey sat up, grave and dignified, on the Dolphin's back.

"You are a citizen of illustrious Athens, are you not?" asked the Dolphin politely.

mals sehr menschenfreundlich waren und besonders zu den Athenern, wären alle umgekommen. Aber die Delfine nahmen die Schiffbrüchigen auf ihren Rücken und schwammen mit ihnen ans Ufer.

Nun war es unter den Griechen üblich, ihre Haustieraffen und -hunde auf Reisen mitzunehmen. Als einer der Delfine einen Affen im Wasser kämpfen sah, dachte er, es sei ein Mann, und ließ den Affen auf seinen Rücken klettern. Dann schwamm er mit ihm zum Ufer.

Der Affe setzte sich ernst und würdevoll auf den Rücken des Delphins.

"Sie sind ein Bürger des berühmten Athens, nicht wahr?" fragte der Delphin höflich.

"Yes," answered the Monkey, proudly. "My family is one of the noblest in the city."

"Indeed," said the Dolphin. "Then of course you often visit Piraeus."

"Yes, yes," replied the Monkey. "Indeed, I do. I am with him constantly. Piraeus is my very best friend."

This answer took the Dolphin by surprise, and, turning his head, he now saw what it was he was carrying. Without more ado, he dived and left the foolish Monkey to take care of himself, while he swam off in search of some human being to save.

One falsehood leads to another.

„Ja", antwortete der Affe stolz. "Meine Familie ist eine der edelsten der Stadt."

„In der Tat", sagte der Delphin. "Dann besuchen Sie natürlich oft Piräus."

„Ja, ja", antwortete der Affe. „In der Tat, das tue ich. Ich bin ständig bei ihm. Piräus ist mein allerbester Freund."

Diese Antwort überraschte den Delphin, und als er den Kopf drehte, sah er nun, was er trug. Kurzerhand tauchte er ab und überließ es dem dummen Affen, auf sich selbst aufzupassen, während er davonschwamm, auf der Suche nach einem Menschen, den er retten konnte.

Eine Lüge führt zur weiteren.

The Wolf and the Ass
Der Wolf und der Esel

An Ass was feeding in a pasture near a wood when he saw a Wolf lurking in the shadows along the hedge. He easily guessed what the Wolf had in mind, and thought of a plan to save himself. So he pretended he was lame, and began to hobble painfully.

When the Wolf came up, he asked the Ass what had made him lame, and the Ass

Ein Esel aß auf einer Weide in der Nähe eines Waldes, als er einen Wolf sah, der im Schatten entlang der Hecke lauerte. Er erriet leicht, was der Wolf vorhatte, und dachte an einen Plan, um sich selbst zu retten. Also tat er so, als sei er lahm, und fing an, schmerzhaft zu humpeln.

Als der Wolf heraufkam, fragte er den Esel, was ihn lahm gemacht habe, und der Esel

replied that he had stepped on a sharp thorn.

"Please pull it out," he pleaded, groaning as if in pain. "If you do not, it might stick in your throat when you eat me."

The Wolf saw the wisdom of the advice, for he wanted to enjoy his meal without any danger of choking. So the Ass lifted up his foot, and the Wolf began to search very closely and carefully for the thorn.

Just then, the Ass kicked out with all his might, tumbling the Wolf a dozen paces away. And while the Wolf was getting very slowly and painfully to his feet, the Ass galloped away in safety.

"Serves me right," growled the Wolf as he crept

antwortete, dass er auf einen scharfen Dorn getreten sei.

„Bitte ziehe ihn heraus", flehte er und stöhnte, als hätte er Schmerzen. "Wenn du das nicht tust, könnte es dir im Hals stecken bleiben, wenn du mich isst."

Der Wolf sah die Weisheit des Ratschlags ein, denn er wollte sein Essen ohne Erstickungsgefahr genießen. Also hob der Esel seinen Fuß, und der Wolf begann sehr genau und sorgfältig nach dem Dorn zu suchen.

Genau in diesem Moment trat der Esel mit aller Kraft aus und stürzte den Wolf ein Dutzend Schritte weit weg. Und während der Wolf sehr langsam und mühsam auf die Beine kam, galoppierte der Esel in Sicherheit davon.

„Geschieht mir recht", knurrte der Wolf, als er in die

into the bushes. "I'm a butcher by trade, not a doctor."

Stick to your trade.

Büsche kroch. "Ich bin Metzger von Beruf, kein Arzt."

Bleib bei deinem Gewerbe.

The Monkey and the Cat
Der Affe und die Katze

Once upon a time a Cat and a Monkey lived as pets in the same house. They were great friends and were constantly in all sorts of mischief together. What they seemed to think of more than any-

Es waren einmal eine Katze und ein Affe, die als Haustiere im selben Haus lebten. Sie waren gute Freunde und trieben ständig allerlei Unfug miteinander. Sie schienen vor allem daran zu denken, sich et-

thing else was to get something to eat, and it did not matter much to them how they got it.

One day they were sitting by the fire, watching some chestnuts roasting on the hearth. How to get them was the question.

"I would gladly get them," said the cunning Monkey, "but you are much more skillful at such things than I am. Pull them out, and I'll divide them between us."

Pussy stretched out her paw very carefully, pushed aside some of the cinders, and drew back her paw very quickly. Then she tried it again, this time pulling a chestnut half out of the fire. A third time and she drew out the chest nut. This performance she went through sev-

was zu essen zu besorgen, und es war ihnen egal, wie sie es bekamen.

Eines Tages saßen sie am Feuer und sahen zu, wie Kastanien auf dem Herd rösteten. Wie man sie bekommt, war die Frage.

„Ich würde sie gerne besorgen," sagte der schlaue Affe, „aber du bist in solchen Dingen viel geschickter als ich. Zieh sie heraus, und ich werde sie unter uns aufteilen."

Pussy streckte ihre Pfote sehr vorsichtig aus, schob einige der Schlacken beiseite und zog ihre Pfote sehr schnell zurück. Dann versuchte sie es noch einmal und zog diesmal eine halbe Kastanie aus dem Feuer. Ein drittes Mal und sie zog die Kastanie heraus. Diese Aufführung durchlief sie

eral times, each time singeing her paw severely. As fast as she pulled the chestnuts out of the fire, the Monkey ate them up.

Now the master came in, and away scampered the rascals, Mistress Cat with a burnt paw and no chestnuts. They say she contented herself with mice and rats from that time on and had little to do with Sir Monkey.

The flatterer seeks some benefit at your expense.

mehrmals, wobei sie sich jedes Mal die Pfote stark versengte. So schnell wie sie die Kastanien aus dem Feuer zog, aß der Affe sie auf.

Jetzt kam der Herr herein, und die Lausbuben rannten davon, Herrin Katze mit verbrannter Pfote und ohne Kastanien. Sie soll sich fortan mit Mäusen und Ratten begnügt und wenig mit Herr Affe zu tun gehabt haben.

Der Schmeichler sucht einen Vorteil auf deine Kosten.

The Fox and the Leopard

Der Fuchs und der Leopard

A Fox and a Leopard, resting lazily after a generous dinner, amused themselves by disputing about their good looks. The Leopard was very proud of his

Ein Fuchs und ein Leopard, die sich nach einem ausgiebigen Abendessen faul ausruhten, vergnügten sich damit, über ihr gutes Aussehen zu streiten. Der Leopard war sehr stolz auf sein

glossy, spotted coat and made disdainful remarks about the Fox, whose appearance he declared was quite ordinary.

The Fox prided himself on his fine bushy tail with its tip of white, but he was wise enough to see that he could not rival the Leopard in looks. Still, he kept up a flow of sarcastic talk, just to exercise his wits and to have the fun of disputing. The Leopard was about to lose his temper when the Fox got up, yawning lazily.

"You may have a very smart coat," he said, "but you would be a great deal better off if you had a little more smartness inside your head and less on your ribs, the way I am. That's what I call real beauty."

glänzendes, geflecktes Fell und machte verächtliche Bemerkungen über den Fuchs, dessen Aussehen er als ziemlich gewöhnlich bezeichnete.

Der Fuchs war stolz auf seinen feinen, buschigen Schwanz mit seiner weißen Spitze, aber er war klug genug, um zu sehen, dass er dem Leoparden im Aussehen nicht Konkurrenz machen konnte. Trotzdem hielt er sarkastische Reden aufrecht, nur um seinen Verstand zu trainieren und Spaß am Streiten zu haben. Der Leopard war kurz davor, die Beherrschung zu verlieren, als der Fuchs aufstand und träge gähnte.

„Du hast vielleicht einen sehr eleganten Mantel", sagte er, „aber es würde dir viel besser gehen, wenn du ein bisschen mehr Intelligenz in deinem Kopf und weniger auf deinen Rippen hättest, wie ich es bin. Das nenne ich wahre Schönheit ."

A fine coat is not always an indication of an attractive mind.

Ein feines Fell ist nicht immer ein Zeichen für ein attraktives Gemüt.

The Heron

Der Reiher

A Heron was walking sedately along the bank of a stream, his eyes on the clear water, and his long neck and pointed bill ready to snap up a likely morsel

Ein Reiher ging gemächlich am Ufer eines Baches entlang, seine Augen auf das klare Wasser gerichtet und sein langer Hals und sein spitzer Schnabel bereit, sich einen wahrscheinlichen Bissen für

for his breakfast. The clear water swarmed with fish; but Master Heron was hard to please that morning.

"No small fry for me," he said. "Such scanty fare is not fit for a Heron."

Now a fine young Perch swam near.

"No indeed," said the Heron.

"I wouldn't even trouble to open my beak for anything like that!"

As the sun rose, the fish left the shallow water near the shore and swam below into the cool depths toward the middle. The Heron saw no more fish, and very glad was he at last to breakfast on a tiny Snail.

sein Frühstück zu schnappen. Das klare Wasser wimmelte von Fischen; aber Meister Reiher war an diesem Morgen schwer zufrieden zu stellen.

„Kein kleiner Fisch für mich", sagte er. "Eine so geringe Kost ist für einen Reiher nicht geeignet."

Jetzt schwamm ein schöner junger Barsch heran.

„Tatsächlich nicht," sagte der Reiher.

"Ich würde mir nicht einmal die Mühe machen, meinen Schnabel für so etwas zu öffnen!"

Als die Sonne aufging, verließen die Fische das flache Wasser in Ufernähe und schwammen unten in die kühle Tiefe zur Mitte. Der Reiher sah keinen Fisch mehr, und sehr froh war er, endlich eine winzigen Schnecke zu frühstücken.

Do not be too hard to suit, or you may have to be content with the worst or with nothing at all.

Sei nicht so schwer zufrieden-zustellen, sonst musst du dich mit dem Schlimmsten oder mit gar nichts zufrieden geben.

The Wolf and the Goat

Der Wolf und die Ziege

A hungry Wolf spied a Goat browsing at the top of a steep cliff where he could not possibly get at her.

"That is a very dangerous place for you," he called out,

Ein hungriger Wolf erspähte eine Ziege, die oben auf einer steilen Klippe graste, wo er unmöglich an sie herankommen konnte.

„Das ist ein sehr gefährli-

pretending to be very anxious about the Goat's safety. "What if you should fall! Please listen to me and come down! Here you can get all you want of the finest, most tender grass in the country."

The Goat looked over the edge of the cliff.

"How very, very anxious you are about me," she said, "and how generous you are with your grass'. But I know you! It's your *own* appetite you are thinking of, not mine!"

An invitation prompted by selfishness is not to be accepted.

cher Ort für dich", rief er und gab vor, sehr besorgt um die Sicherheit der Ziege zu sein. „Was ist, wenn du fallen solltest! Bitte höre mir zu und komm herunter!

Die Ziege blickte über den Rand der Klippe.

„Wie sehr, sehr besorgt du um mich bist", sagte sie, „und wie großzügig du mit deinem Gras umgehst. Aber ich kenne dich! Du denkst an deinen eigenen Appetit, nicht an meinen!"

Eine Einladung aus Egoismus darf nicht angenommen werden.

The Fox and the Goat

Der Fuchs und der Bock

A Fox fell into a well, and though it was not very deep, he found that he could not get out again. After he had been in the well a long time, a thirsty Goat came by. The

Ein Fuchs fiel in einen Brunnen, und obwohl er nicht sehr tief war, stellte er fest, dass er nicht wieder herauskam. Nachdem er lange im Brunnen war, kam ein durstiger Bock

Goat thought the Fox had gone down to drink, and so he asked if the water was good.

"The finest in the whole country," said the crafty Fox, "jump in and try it. There is more than enough for both of us."

The thirsty Goat immediately jumped in and began to drink. The Fox just as quickly jumped on the Goat's back and leaped from the tip of the Goat's horns out of the well.

The foolish Goat now saw what a plight he had got into, and begged the Fox to help him out. But the Fox was already on his way to the woods.

"If you had as much sense as you have a beard, old fellow," he said as he ran,

vorbei. Der Bock dachte, der Fuchs sei hinuntergegangen, um zu trinken, und fragte, ob das Wasser gut sei.

„Das Beste im ganzen Land", sagte der schlaue Fuchs, „spring rein und probiere es aus. Es gibt mehr als genug für uns beide."

Der durstige Bock sprang sofort hinein und begann zu trinken. Der Fuchs sprang genauso schnell auf den Rücken der Ziege und sprang von der Spitze der Hörner der Ziege aus dem Brunnen.

Der törichte Bock sah nun, in welche Notlage er geraten war, und bat den Fuchs, ihm zu helfen. Aber der Fuchs war schon auf dem Weg in den Wald.

„Wenn du so viel Verstand gehabt hättest, wie du einen Bart hast, alter Freund", sagte er im Laufen, „wärst du vorsichti-

"you would have been more cautious about finding a way to get out again before you jumped in."

Look before you leap.

ger gewesen, einen Weg zu finden, wieder herauszukommen, bevor du hineingesprungen bist."

Schauen Sie vor dem Sprung.